CUANDO YA
NADA IMPORTA

EC
EDITORIAL CÁNTICO
COLECCIÓN · DOBLE ORILLA, POESÍA
DIRIGIDA POR RAÚL ALONSO

cantico.es · @canticoed

Suscríbete a nuestro blog en
Medium @canticoed

© Herederas de Andrés Mirón Calderón, 2024
© Editorial Almuzara S. L., 2024
Editorial Cántico
Parque Logístico de Córdoba
Carretera de Palma del Río, km. 4
14005 Córdoba
Imagen de cubierta: *Los Jerónimos de Granada* (1972)
de Conchita Díaz Cerezo (Condic)
Imagen de falsas guardas: Pintura para patrón textil japonés
de Furuya Korin (1904)

ISBN: 978-84-10288-11-9
Depósito legal: CO 1184 2024

Impresión y encuadernación:
Imprenta Luque S.L.

ANDRÉS MIRÓN

CUANDO YA NADA IMPORTA

ANTOLOGÍA POÉTICA
1965 - 2005

EDITORIAL CÁNTICO

COLECCIÓN DOBLE ORILLA POESÍA

PRÓLOGO

La decisión de escoger algunos poemas de la preciada obra de nuestro padre, y sacarlos de su hábitat natural, no ha sido ni fácil ni tampoco justa y arbitraria. Por el contrario, para la familia del poeta, esta elección tiene un propósito claro: invitaros a sumergiros en el universo de la poesía de Andrés Mirón. Además de disfrutar de estos poemas aislados, nos gustaría despertaros la curiosidad para que exploréis y conozcáis en profundidad su obra.

La calidad literaria de la obra de Andrés Mirón fue aplaudida y elogiada a lo largo de su trayectoria, por parte tanto de expertos y críticos literarios, como de poetas, muchos de ellos de reconocido prestigio. Además, su obra fue galardonada con numerosos premios a nivel nacional e internacional; y parte de ella fue traducida a varios idiomas.

Su legado poético, que abarca casi una treintena de libros publicados entre 1965 y 2005, conforma un referente de la generación de poetas andaluces de la Transición Española.

Ya en la primera antología poética dedicada a la obra de Andrés Mirón (1990), el poeta José Lupiáñez la definía así: *"una de las poéticas más significativas de la última escuela andaluza: una poesía en la que alterna la serenidad natural y elegante del discurso junto con otra propensión al lujo verbal y a una manifiesta voluntad de estilo, que recurre incluso a vocablos brillantes y recónditos del idioma, cuando no a su invención. Los territorios de la memoria, la melancolía, la hímnica nostalgia, el mágico temblor de lo biográfico, la arquitectura lírica unitaria, son constantes en su decir y marcan un vaivén entre lo sensitivo y lo imaginativo, entre el ayer elegíaco y el hoy en su fuga. Por otro lado, los ciclos, especialmente el tránsito del verano al otoño, la naturaleza, el trasfondo rural recuperado como confidente y cierto pesimismo de filiación romántica confieren originalidad a su propuesta, imprescindible para una justa visión de la poesía española que arranca de los años sesenta".*

Por todo ello, esta humilde selección busca honrar y mantener viva la memoria de Andrés Mirón, en homenaje al vigésimo aniversario de su fallecimiento en 2004.

> *Cuando me vaya,*
> *¿en qué pecho no usado*
> *alentará la dicha que he vivido?*

Esperamos que, después de estos veinte años de su ausencia, la dicha vivida por Andrés Mirón, o, dicho en otras palabras, su amor, su sensibilidad, su ingenio, su sabiduría, en definitiva, su poesía... continúe alentando en nosotros.

૨૬

Andrés Mirón nació en Guadalcanal (Sevilla) el 8 de septiembre de 1941. Cursó Filosofía y Letras en la Universidad Complutense de Madrid al mismo tiempo que iniciaba su actividad poética publicando algunos poemas y dando recitales.

Sus primeros libros, *La selva en esta orilla* (1965), *Crónicas de una andadura* (1971) y *Las mariposas de Palas Atenea* (1974), todos ellos son de temática amorosa y atemporal, imbuidos de matices neomodernistas y culturalistas, y en contraste con el panorama poético contemporáneo dominado por la reivindicación política y social.

Desde sus primeros pasos, Mirón recibió elogios; así, Francisco Umbral destacaba su agilidad con la pluma. *"Mirón comienza el camino con agilidad, soltura y sentido pleno de la vida. No es poco para un poeta que inicia su ruta. Y lo hace con naturalidad, sin rebuscamientos retóricos y sin esparajismos metafóricos. Tiene sentido de la medida y pocas veces se pierde en escarceos retóricos".*

Elegía de Sisip (1974), más allá de lamentar la belleza de las ruinas de la ciudad de Sisip, se convierte en una reflexión casi espiritual sobre el poder destructor del paso del tiempo en el hombre. Éste será uno de los puntos cardinales de su trayectoria poética.

Más adelante, podemos vislumbrar ciertos aspectos históricos y sociales relativos a la Posguerra en *Trenos para un verano en Navaespaña* (1976), cuando el poeta recuerda los veranos de su niñez en Guadalcanal; o en *Cantoral de un tiempo marchito* (1977), cuando se establece un diálogo entre el poeta adulto y el poeta niño, ambos otoñales, marcados por el dolor de la Guerra Civil. Más en concreto, el sufrimiento de las gentes del sur y los problemas de Andalucía —históricamente incomprendida—, suponen el tema central de *El llanto de los sauces* (1977).

Sobre su esencia andaluza, el crítico José López Martínez escribiría: *"No puede negar Andrés Mirón su entroncamiento geográfico. Su poesía tiene sones y esencias de la mejor literatura andaluza".* Por su parte, el célebre poeta Ángel García López sentenció: *"Andrés Mirón es un andaluz profundo, introspectivo, con don de la palabra, que sabe andar el ritmo, apasionado, que siente y dice bien".*

Por estos años de juventud, nuestro poeta se estableció en la ciudad de Sevilla donde ejerció como profesor. Se casó con la pintora granadina, Conchita Díaz Cerezo -Condic- con quien tuvieron dos hijas, Soledad y Esperanza.

Ya desde joven, tuvo la oportunidad de conocer a muchos maestros líricos. Uno de ellos fue el ilustre poeta de la Generación del 27, Jorge Guillén, a quien conoció cuando recibió el galardón que lleva su nombre por el libro *Concierto para brisa y crepúsculo* (1980).

Guillén, en una de sus numerosas cartas que escribió a Mirón, analizaba su estilo: *"En cada poema hay siempre algún término poco usado a o quizá inventado: —Está latiendo en esa amarillencia ("amarillez" dice el diccionario)—. Este rasgo contribuye a reforzar el carácter humanístico, hispalense, del texto. Lo que no impide el trazo riguroso. El dominio de la expresión es constante: pasiones y paisajes, y siempre ateniéndose a rigores exquisitos de concierto.*

(...) "Nunca he conocido a un poeta en vida con tan grandes aciertos, si acaso algunos que pasaron y otros que pasan y están".

Asimismo, Guillén escribía sobre el libro: *"Leí y releí más de una vez su Concierto. "Exactamente concierto", en composición con rigores de música. "Concierto para". Así se objetiva ese propósito: los ejecutantes son la brisa y el crepúsculo. Movimientos sin violencia; luces y sombras en un paisaje que cambia sin cesar de sujeto y objeto. Y como no hay títulos, se enlazan aún más los poemas en continuidad convergente de tono y ritmo. Y todo, transido por el tiempo: memoria que recuerda, atisbos de futuro.*

Su viejísimo, Jorge Guillén".

Otro de los puntos cardinales de la poesía de Andrés Mirón, en sus propias palabras, es el intimismo, *"teñido con cierto impulso mágico, capacidad de sorpresa, el leve sugerir y una decidida intención estética que cristaliza en el cuido del lenguaje y que, como todo lenguaje genuinamente poético, nunca es válido para expresar la realidad".* Ejemplos de este carácter introspectivo los vemos en *El polvo del peregrino* (1978); en el *Libro de las baladas* (1979), con versos dedicados a su familia; en *Aicila* (1981), con tintes italianizantes; o en *Salterio* (1986), conjunto de breves salmos de amor...

Trinan de azul las islas que dejaste.

Libro de las estatuas de los héroes (1984), constituye un doble tributo: en lo formal, a la poesía barroca andaluza; y en lo temático, a su tierra natal *"para encontrar su añoranza, un eco lírico de lo que hemos sido y de lo que somos"*, según el poeta y lingüista Fernando Rodríguez-Izquierdo. Por su parte, Gregorio Marañón Moya dijo de este libro: *"La lectura de sus poemas, cargados de pura originalidad, es un deleite"*.

Huerto de Betania (1987) presenta en heptasílabos un diálogo de amor entre dos amigos, el alma y el cuerpo, y con un coro de fondo como mediador que interpreta la danza de la vida y recalca aquello en lo que los protagonistas coinciden. Este libro supone un giro inesperado por su enfoque de la poesía amorosa *"a lo divino"*, con el cual Mirón se aleja de las tendencias contemporáneas para rescatar la esencia de los místicos clásicos.

En una entrevista de Ángel Pérez Guerra a nuestro poeta, dice referente a *Huerto de Betania*: *"Hombre de bucear en el lenguaje, Andrés Mirón confiesa haber escogido una vez más expresiones arcaicas, e incluso haber reincidido en aquella invención de neologismos que llamó la atención a Jorge Guillén. Son invenciones por analogía"*.

A propósito de la capacidad de sorprender que Mirón demuestra con su riqueza de registros, el poeta granadino Antonio Enrique escribía: *"Silenciosamente, como con pudor, y desde 1965 en que apareciera su primer libro, Andrés Mirón ha ido configurando un mundo poético, un vasto ciclo caracterizado por el rigor verbal y la íntima emoción de sus versos. Éste es un poeta completo, en posesión del dominio de todas las técnicas y recursos. Andrés Mirón aún nos sorprende con la variedad de registros. Es un autor que bajo su mesura encubre una inquietud poco común. Inserto en la tendencia más universal andaluza, esto es, el ritual de la Palabra, nuestro autor pareciera gozarse en el descolocamiento adrede, en cultivar la sorpresa del lector de paladar más extenuado y sibarita".*

Prueba de esta inquietud también la encontramos en los libros *Rumbo tarumbo* (2001) por su temática infantil, y *Galería Nacional (Sala de retratos)* (1988) por su contenido satírico y de crítica social y su forma barroca esperpéntica y humorista. En esta galería, nuestro poeta ejerce de juglar el *"oficio de rendija"* para presentarnos una serie de ficticios personajes populares, desde políticos y oportunistas hasta futbolistas, todos ellos, *"presos de taras y manías varias, descritos por vía jocosa en un guirigay de danza y contrapunto".*

En cuanto a *Rumbo tarumbo*, el poeta José Antonio Ramírez Lozano escribió: *"Hay dos virtudes imprescindibles para construir un poema infantil: el ingenio y el oído. Y esos, Andrés Mirón, los tiene sobrados. Más que nada porque Andrés baja a la poesía infantil desde la madurez y la experiencia de un poeta mayor y no desde el canturreo escolar y párvulo de los advenedizos".*

Coro de alejados (1989), por su parte, conforma un poemario amoroso *("para loor de Clara y regalo de su villa")* que, por sus secuencias cinematográficas, se acerca a una novela. Se vale de recursos que juegan al distanciamiento irónico, si bien, todo ello desde la emoción. Trata de uno de los temas más usuales en Mirón como es la nostalgia, con el paso irremediable del tiempo y la destrucción del *"lugar ameno",* y la consiguiente necesidad del poeta por recons-truirlo a través de su poesía.

El poeta Fernando de Villena en su crítica de este libro dice: *"Su métrica rigurosa (con unos endecasílabos de musi-calidad impresionante), la emoción hondísima de los paisa-jes, o sea su bucolismo (un bucolismo en el que la naturaleza se supedita al tema central de la ausencia) y, más que nada, su léxico abundante (con términos rurales, arcaísmos y neolo-gismos de gran fuerza expresiva -tojos, lubricán, ardedumbre, altor, etc.- así como su sintaxis, con frecuentes elipsis y atrevi-dos hipérbatos) y el uso del subjuntivo, otorgan al poemario ese aire singular y fascinante".*

Rimado de topacio (1990), cuya estructura narrativa es similar a la de *Coro de alejados,* es la historia de una fascinación por la joven Mara, seguida de una decepción. *"Andrés Mirón se mueve como lírico, entre el romanticismo y la clasicidad, y el broche que une estos dos polos no es otro que el humor: Rimado de topacio constituye una deliciosa confirmación de esta tendencia conformadora del mundo personal y poético de uno de los poetas de más rara voz del panorama lírico actual de Andalucía",* según el crítico lite-rario Rodríguez Baltanás.

En 1995, nuestro padre nos dedicaba *Las niñas del hotel blanco,* un hermoso libro epistolar donde nos ofrece amo-rosamente el recuerdo de unos paisajes vividos en ritmo endecasílabo y enmarcados en su pueblo, geografía viva de la memoria.

Con *Carta de navegar* (1997), entre endecasílabos, hep-tasílabos y alejandrinos y desprovisto de adjetivaciones ba-rroquistas, nos adentramos directos en su mar interior rico de musicalidad y descubrimos su deseo de recuperar aquel pasado que recuerda mejor.

En *Marabú* (1999) hace una reflexión sobre la propia poesía, concebida como *"respiro de soledades"*; y lo hace mezclando registros, desde un tono narrativo, sencillo, crítico y ácido, hasta otro más íntimo y cálido, siempre bajo el dominio de la métrica.

La presencia de Andrés Mirón era constante en conferencias en todos los puntos de la geografía española y, sobre todo, en tertulias literarias, recitales poéticos y presentaciones de libros dentro del ambiente sevillano, y su familia casi siempre le acompañábamos. Tanto era así que a mi hermana y a mí nos llamaban *"Las Niñas de los Poetas"*. Nuestro padre era un hombre bien parecido, alto, elegante, y siempre asomaba una bonita sonrisa bajo su bigote cada vez que justificaba nuestra presencia, diciendo que no podían dejarnos solas en casa con las palomas. Nos enseñaba un mundo de otros vuelos —de versos al aire y poetas que soñaban—, a unas niñas que lo acogeríamos para siempre como parte de nuestras vidas.

La cigüeña,
cuando pasa el verano, no conoce
la torre en que nació, pero si escucha
una campana rememora el nido.

En 2002, el Ayuntamiento de Sevilla le rindió un emotivo homenaje, donde recibió el cálido reconocimiento de sus amigos, colegas poetas y, en general, del pueblo sevillano. Tras su fallecimiento, en 2005 el Ayuntamiento de Guadalcanal lo nombró Hijo Predilecto de la Villa. Sin embargo, Andrés Mirón trascendió fronteras, siendo parte de su obra traducida al inglés, portugués, francés, italiano y alemán; y siendo nombrado miembro honorífico del Departamento de Literatura de la Universidad Lincoln de Nebraska (EE. UU.). Según el poeta J.M. Oxholm

(Detroit, EE. UU.), *"su poesía alumbra mundos en cualquier idioma".* O el poeta Pablo Troise (Uruguay) diría que Mirón es *"alguien de quien nadie podría prescindir".*

Su obra fue recogida en diversas antologías poéticas, como la de Adonais, la de la Exposición Universal de Sevilla en 1992, o la de la colección Ánade; y también fue objeto de estudio de una tesis doctoral realizada por Tomás Pedroso, quien la presentó en la Universidad de Sevilla y posteriormente publicó en la colección Gallo de Vidrio.

Justo antes de fallecer, Andrés Mirón tenía en proyecto la publicación del libro *Otoño en Benalixa* (2005), sobre el cual el poeta Rafael de Cózar escribiría: *"Libro póstumo publicado a los pocos meses de fallecido el poeta. Es un poemario de plena madurez y tiene también algo de cierre, de regreso a Ítaca, de retorno a las raíces, no ya sólo el escenario que le vio nacer, la Sierra Norte sevillana, sino también de las bases profundas de su poesía. Andrés Mirón optó por la coherencia, la ambición por fundir la tensión entre el estilo clásico, el dominio de la técnica del verso, la métrica, la musicalidad, en línea con las escuelas sevillanas de siempre, y su relación con el mundo moderno, con la ciudad, con el tiempo presente y el entorno vital del poeta. Los grandes temas universales, el amor, la memoria, la fugacidad de la vida, la nostalgia del pasado y la ambición de futuro recorren el conjunto de esta obra, generalmente desde el paisaje rural, o urbano, un mundo también de lo cotidiano, visto todo ello desde la óptica de la ironía, esa ironía que es característica del desencanto de la madurez".*

Finalmente, su vida se vio truncada de manera trágica en una tarde lluviosa, el 8 de octubre de 2004, en un fatal accidente de tráfico mientras viajaba a su Guadalcanal.

Como mencionábamos al principio, su meritísima obra fue poseedora de muchos y reconocidos premios. En una entrevista a ABC en 1987 ya dijo *"soy un poeta de premios, y gracias a ellos he publicado la mayor parte de mi obra, porque ya se sabe lo difícil que tenemos los poetas de Sevilla el hecho de la publicación".* Curiosamente, ganó sus últimos tres premios tan sólo días después de haber fallecido, en ese mismo mes de octubre, dos de ellos por los libros *Teoría de las sombras* (2005) y *Territorio del tigre* (2005).

El más importante de estos premios fue el del XXVIII Certamen Internacional de Poesía Villa de Aoiz, concedido al poema *Cuando ya nada importa*. Este premio era considerado el más prestigioso de España por su cuantía y antigüedad. El jurado estaba compuesto por poetas de la talla de Luis Alberto de Cuenca, Ángel García López, Jaime Siles o Salvador Gutiérrez. Reunidos en el Café Gijón de Madrid, eligieron el poema por unanimidad entre más de cuatro mil trabajos procedentes de los cinco continentes. El jurado destacaría del poema: *"tiene una musicalidad enorme, el ritmo no lo pierde en ningún momento".* Y, por ironía del destino, ese día era 10 de octubre, apenas dos días después del fallecimiento trágico de nuestro querido poeta... *"cuando ya nada importa".*

En la vida de Andrés Mirón, en definitiva, siempre predominó su alma de poeta, su condición de creador literario, y su apuesta por la vida: *"una poesía sin misterio no se tiene, y sin emoción no llega. Un poema es una llama que vibra en su propia insustituibilidad, y por eso permanece".*

Ojalá disfrutéis de esta Antología Poética de Andrés Mirón, a quien le dedicamos sus propios versos, los últimos del soneto *El imposible olvido* (2004), que rezan así:

> *Ya, mientras viva, viviré de amarte,*
> *pues vives para siempre en mi memoria.*

POEMAS

AQUÍ EMPIEZA LA HISTORIA
de *Las mariposas de Palas Atenea*

A Astor Brime

AQUÍ empieza la historia.
                    Fue que un día
lloviendo como estaba la tristeza
sobre las luces altas de la Acrópolis,
al amor se abocaron de repente,
como en una calleja sin salida.
De la cornisa afuera diluviaba,
se amontonaba el barro por las losas
y el viento sólo hablaba de huracanes.
Se remiraron yertos, tiritando,
calados de tristeza hasta los huesos.
Los mármoles brillaban como ojos,
ojos transparentando, con desgana,
kilómetros de luz y encadenados
relámpagos de sombra, persistentes,
y desfilaban sin remedio a veces,
o a veces deteníanse en su órbita,
con vocación de incendio, corrosivos,
cual miradas de mármol vulnerado.
Y de la piel adentro, más adentro,
debajo del capricho subterráneo
que pulsara una lenta estalactita,
en el hondón del alma, perduraban,
con la indeleble nitidez de sangre
que ilustra el mamotreto que escondía

en la anchurosa soledad del pecho,
las aciagas mañanas, los sombríos
rincones de placeres momentáneos,
las bacanales de embriaguez y humo,
los instantes de amor devaluado.

No se dijeron nada. O sí tan sólo
maldijeron al tiempo y al espacio
con la mirada hueca que extendían
de los frisos arriba, cuando el día
se les iba muriendo por el cielo
de Atenas, sin remedio. Y, en silencio,
desafiando la inclemencia, atónitos,
subieron a la plaza lentamente,
se miraron de nuevo y, sin palabras,
se despidieron para siempre. Ella
se fue hacia el Partenón. Y al día siguiente
-la noticia llegó a las academias-
poetas y filósofos, a una,
enjuiciaron el caso misterioso
de la doncella hallada, melancólica,
derribada en el atrio de la casa
de Palas Atenea. Ni Galeno,
que la reconoció exhaustivamente,
diagnosticó su mal. Pero Platón,
que acudió rodeado de discípulos,
recomendó la intervención urgente,
pues que un tumor anímico, el amor,
amenazaba con quemar su vida.
Mas cuando el eminente y venerable
maestro se marchó, súbitamente,
en medio del asombro de aquel corro,
se incorporó la amante, y, como ausente,

se puso a caminar con entereza.
Algunos la siguieron, pero otros
corrieron con el grito de "milagro"
por las calles que daban a las plazas.
Ella marchó a la Arcadia, y en Atenas
se atribuyó a la diosa aquel prodigio.
Faltaba el veredicto de Platón;
murió sin emitirlo.

       Mientras tanto,
por las losas mojadas de El Pireo
se paseaba él, meditabundo,
con la presencia de ella entre las cejas,
humanamente triste. Y, sin pensarlo,
entregado a sus pasos, abstraído,
se encontró rodeado de gaviotas
en la playa llovida de tristeza,
y se puso a escribir sobre la arena:

¿Cómo puedes estar paralizada,
sintiendo a tus espaldas el coraje
de un mar enfurecido en su oleaje,
como una diosa griega derribada?

¿Quién te manda la fuerza encadenada
que te ata impenitente a este paraje
marino y quién anega el estiaje
donde te sabes, con dolor, varada?

¿De dónde te llegó la extravagancia
que te sume en fracasos repetidos
a golpes de este mar donde te acuestas?

¿Qué extraño derrotero y qué distancia
tus pasos recorrieron, ya perdidos?
En tu silencio obtengo las respuestas.

Las olas lo borraron enseguida.
(¿Y qué importaba ya, después de todo?).
A un toque de sirena, con su idea,
embarcó rumbo a Ítaca. Mas nunca
le vieron en la isla los nativos,
por más que le buscaron.

EL IMPOSIBLE OLVIDO
de *Otoño en Benalixa*

ME pides que te olvide y lo que olvido
es hacer eso mismo que me pides.
En la hiel de mi vida tú decides.
Yo decido en la miel de lo vivido.

Olvidarte ¿por qué? ¿Qué te ha dolido
que así de indiferente me despides?
Si acaso con mi fuego no coincides,
tampoco con tu hielo yo coincido.

Temo herirte diciéndote que aún beso
la seda de tu voz y me embeleso
recordando el fulgor de nuestra historia.

Y así es como me olvido de olvidarte.
Ya, mientras viva, viviré de amarte,
pues vives para siempre en mi memoria.

ESTRAGO Y FUGA
de *Libro de las estatuas de los héroes*

QUIEN vuelve a la floresta
en sombra donde tuvo
un instante de dicha
y encuentra que el invierno
ha sepultado el rastro
venial de su presencia,
regresa a aquel recuerdo.

LA QUEJA
de *Rimado de topacio*

¿TE quejas, Mara, porque luces pecas?
¿Te quejas, y le das a los jazmines
que esplenden a la noche ciento y raya
y el plenilunio ocultas si sonríes?
¿Te quejas? Qué fastidio... Pues los lagos
son bellos cuando los navegan cisnes.
¿Te quejas por llevar constelaciones
a ras de las mejillas sin que el rímel
ni el bronce de las playas ni otras artes
te obedezcan y nunca las nubilen?
¿Te quejas porque nieva en la hermosura
y luego la intemperie se resiste
a deshojar, como si fueran rosas,
los copos de tu piel, inmarcesibles?
¿Desde cuándo los puntos suspensivos
suspenden su clamor en lo sublime?
Tal vez si por tu rostro amaneciera
el sol de la rutina, algún eclipse
de pecas en tu luz sucedería
y olvidaras la queja que repites.

LOS ÁRBOLES DEL HUERTO SUS DESNUDOS
de *Salterio*

Los árboles del huerto sus desnudos
al cielo cano de la tarde elevan
por ver de acorralar la trasparencia
que derramando fuiste en los veranos.

POR LAS TARDES
de *Trenos para un verano en Navaespaña*

Por las tardes
las muchachas pasean la tristeza
de que nadie les diga «tú tienes un tremendo
parecido con la protagonista
de la película de anoche».
Como si nada, pasan ellos
hablando de la pobre
recolección, sombríos,
o, todo lo más, "Encarnita
es una fresca que fuma y lleva taparrabos".

Nunca acontece aquí nada importante,
salvo que el tiempo pasa
y los veranos
van, implacables, agostando
adolescencias, y epidemias
de jazmines se mustian
cada vez que amanece.

                    Y así como mi padre
cuando volvió del frente de Teruel
con su flamante herida de metralla
halló que medio pueblo había huido,
así yo ahora, que regreso
llagado por la sed de este verano,

me encuentro con que el otro medio pueblo
emigró a Barcelona y a Alemania.
Entre guerras y paces, algún día
aquí no quedará bicho muriente.

Hasta las cañabravas
que arañaran mi infancia
por las borradas trochas de la sierra
se están secando ya.

UN ÁNFORA
de *Libro de las baladas*

¿De qué barro esta figura
que se alarga y no es humana?
¿Qué brillo de qué mañana
policromó su hermosura?
Si fue remota su hechura
y su condición vencida,
como todo barro olvida,
cualquiera, tarde o temprano,
la alzará —cáliz en mano—
para beberse la vida.

DE BUEN AMOR, LA CERCA
de *Huerto de Betania*

AMIGO:
De buen amor, la cerca
del huerto escalaría,
frutal, donde derrama
sus dones el estío
y una danza de tábanos
te alerta y posesiona
del brillo de esos zumos
que anhelo y vivifican.

AMIGA:
Atiende al sobresalto
terral de los rastrojos
que dan al extramuro
de agosto y mediodía,
pues nadie alcanza dicha
ni mieles sempiternas
si no es que las merezca
del mucho estar negándose
lo amable y placentero.

CORO:
Las vísperas cantemos
y un salmo de alabanza
por los grillos que anuncian

el brillo de las uvas
y embárguenos el júbilo:
aleluya, aleluya.

PIETRO ARETINO MUERE EN VENECIA
DE RISA NATURAL
de *Aicila*

CRUZABA a mediodía los canales salobres
bajo los terciopelos tumefactos, los oros
florecidos. De cerca, pavos reales seguían
su sombra dilatada, ahogando los dicterios
y dando cortesana prestancia a la lujuria.
El cielo, abierto, ardía. Pasiones memorables
reflejaban sus lujos a bordo de las góndolas.
Escándalo del siglo, de aquel que osó llamarse
divino, tan humano, ¿qué exclamara el pedante
Lutero si le viese? ¿A tan obsceno estado
conduce el poderío?

        «¡Viejo Pietro Aretino
—gritábanle marchitas prostitutas—, arráncate
esos ricos laureles y baja a los tugurios,
que es lo tuyo!».

        Y el agua tragábase las flemas,
y se engallaba el aire y las barbas se abrían.
Mas llegado al palacio, la risa le hizo presa
y lo mató de un golpe por el tiempo en que era
secretario del mundo y azote de los príncipes.
Todavía le llora Tiziano de Cadore.

LOS RATONES MONAGOS CORRETEAN
de *Coro de alejados*

Los ratones monagos corretean
nocturnos por el códice miniado
donde se profetiza tu venida.
Mas siendo tú intangible, como espuma
que al roce se deshace, ni siquiera
pecan de irreverencia o sacrilegio,
y hallan el regocijo que buscaban
en esta fervorosa sombra tuya.

LAS PÉRDIDAS
de *Elegía de Sisip*

En el viejo lugar de lo perdido
la vida voy perdiendo a la manera
como se pierde aquí la primavera
por el otoño muerto del olvido.

Si vivir es perder lo ya vivido,
bueno será saber que si perdiera
lo poco que me queda, más valiera,
muerta Sisip, no haberte conocido.

Pierdo la voz, los años, la estatura,
los amigos, la sangre y la memoria
de lo que fuiste, cuando yo no estaba.

Pero gano en amor y en amargura,
mientras duermes el sueño de tu historia
tú, que viviste cuando yo soñaba.

TÚ QUE CONOCES BIEN SU SOLILOQUIO
De *Carta de navegar*

Tú que conoces bien su soliloquio,
pregunta al corazón si, como espero,
escucha atardecer por las esquinas
en que las citas se le eternizaban.
O mejor: no preguntes
e imagina que un alba de jazmines
con tapia y pozo y limonero y yedra
y cal ensimismada
ilumina el latir de tu aventura.
Otros que ya surcaron estos mares
dejaron más esplendidas estelas.
Mas no te arredren surcos transitados
y atiende al corazón. No se equivoca
quien sigue sus dictados tartamudos.

TEORÍA DE LAS SOMBRAS
de *Teoría de las sombras*

No es cierto que las sombras
erijan parapetos
en los que tropezarnos.

Las sombras nos acogen
en sus senos gloriosos.
Y poseen la rara
virtud de concederles
un sol a los vencidos.

No hagáis caso si os dicen
de pronto que anochece.
Rotundamente falso.
Querrán decir que empieza
un halo de misterio
que afecta a los que habitan
esta cara del mundo.

Las sombras sólo extienden
su manto horripilante
sobre aquellas miradas
que viven de la ira
e ignoran la fulgencia
que el espíritu irradia
cuando siente que vuela.

EL RÍO
de *El llanto de los sauces*

EL río se moría a cada paso
por la llaga estival de la sequía,
por el resol azul de su aljamía.
haciendo de su nombre un fiel fracaso.

El río, como el pueblo, era un caso
de olvido de sí mismo y de agonía;
de un querer y no ser, que se moría
en el verano de su pan escaso.

El pueblo, como el río, se secaba
de puro estar quedándose sin gente,
que tanto puede un paro interminable.

Como el río y el pueblo, Juan soñaba
con llevar a su vida algún torrente
que le hiciera por siempre inagotable.

ESPERAR ES GOZAR LO QUE AÚN NO VIMOS
de *Carta de navegar*

ESPERAR es gozar lo que aún no vimos.
Si luego ya no somos los que éramos,
figúrate qué arrobo,
qué transparencia, qué salpicadura
azul y vegetal y cegadora
en nuestro desembarco.
Cuando menos se espera, un faro alumbra.
No cese tu vigor, agua adelante,
hasta rendir las sombras cardinales.
Los que no están, no están porque están muertos.
Con otra luz escribiré sus nombres.
Te acercaré el temblor de sus naufragios
cuando un noviembre de hojarasca acuda
a recordar el sueño en donde esperan.
Te confieso que no comprendo cómo
al fuego le sucede la ceniza.
¿Ceniza nada más? ¿Y lo que ardía?
¿Cómo el amor no deja,
qué sé yo, alguna huella, una memoria
del sol que lo alentaba?
Para esquivar este huracán te escribo.
Eso sí, con dos copas
y esta costumbre de sentirte cerca
aun desde la confusa soledumbre
de los puertos con nieblas.

EL CISNE
de *Marabú*

CIERTA vez en que estaba yo en la inopia
de las perfidias literarias patrias,
tuve necesidad de escribir cisne
en un poema que tenía vivido
a la orilla difusa de un estanque,
con cuatro asignaturas sentenciadas
y Catherine Deneuve en las pantallas,
una tarde de tedio en La Sorbona.
Oh, ingenuidad. Pues sobre mí cayeron
plumas asilvestradas de la crítica,
llamándome deudor del modernismo
e imitador de un indio chorotega.
Y no me confinaron al olvido
porque estaba mal visto en un imberbe.
Esos agravios me cicatrizaron
pasados ciertos versos. Ya despierto,
en vez de responder a tales buitres,
me enamoré de todo lo que vuela.

FINAL
de *Elegía de Sisip*

A Julio Mariscal

ÉSTA que ves, Sisip, sobre tu cielo
es la niebla de mármol que respiro,
que nubla mis pupilas si la miro,
que ciega mi mirar si la desvelo.

¿Acaso tu dolor es lo que duelo,
es acaso tu sangre lo que estiro
en esta carne de sufrir? (Retiro
la pregunta: me quema tanto hielo).

Invisible, impalpable, transmutada,
cada siglo que pasa te convierte
en muda sinrazón de tu condena.

Espérame en la paz de tu morada,
que siento los sudores de tu muerte
y se me pone a pájaros la pena.

DESDE LOS QUINCE AÑOS, AMOR, TE ESTOY SOÑANDO
de *La selva en esta orilla*

DESDE los quince años, amor, te estoy soñando.
Te he visto, Silvia exótica, a través de mis noches,
de mi pasión incontenible de salvaje
que saturan los gritos contenidos.
Ahora que me has llegado te contemplo
con el ansia que nace de la espera,
con la fiebre en los ojos y en los labios
un fuego que no apagan tus torrentes.
Te juro
que nunca te he pensado como eres.
No había supuesto que existiera virgen
limitada por guerreros primitivos
que rezan a los astros por las noches
y la jungla a dos pasos de su lecho.
No había visto en mis sueños piel alguna
que sólo por su tono se adivine
el sabor de su piel y de sus labios,
ni mirada más honda, ni belleza
tan próxima a ser tú, en tu ardedumbre.
Contigo se iluminan mis dominios,
pues todo lo poseo desde que te conozco,
y perfumas la flora de mi patria.
Tienes un dulce acento de extranjera
que enmudece mi voz, sorda en tus selvas.
Han declarado inútil tus portentos

mi cálido recinto, donde a veces
tuve un augurio prodigioso.
Y todo ha culminado, amor, con tu venida.
No te esperaba, Silvia, así de hermosa.
Arquero de tus selvas, desde que te conozco,
no me importaría, amor, perderme en tu espesura.

SI UNA VEZ CONSUMADO
de *El polvo del peregrino*

Si una vez consumado
el soplo venial que vengo siendo,
alguien halla
la huella de estos versos malheridos
por las sombras
de un palimpsesto ajado por el uso,
allí —como un espectro
a flor de olvido— latirá la sangre
que ahora me sustenta,
por más que en algún sitio
yo sea apenas
un poco de ceniza.

LA SOMBRA
de *Rimado de topacio*

A José Antonio Ramírez Lozano

AQUELLA tarde en un hotel de Viena
sintió un cansancio nuevo: la distancia.
Una densa teoría de gladiolos
escoltaba el temblor de la ventana
y ella escrutaba apenas las volutas
del cigarrillo en que se ensimismaba.
Consultó su reloj por si existía
entre el sol y la espera concordancia
y un gesto concilió de ave de paso
que puso luz de ausencia a su mirada.
Del bolso extrajo un frasco de grageas,
y una pluma, y un bloc, y una medalla
con una antigua efigie y una fecha
y un espejo copiando la nostalgia.
Contempló la aturdida turbulencia
de unos peces cautivos y la pálida
belleza de unas flores de clausura
en un tibor vidriado arrodilladas.
En un tapiz de Persia se moría
un ciervo en la espesura de unas garras,
y la tarde cayó sobre sus ojos
y amaneció la duda de una lámpara.
Apuró la ginebra de la espera
salió a recordar a la terraza.
Y por su cabellera de oro triste

arreció la nevizna y una extraña
manera de volar la conmovía.
Sus brazos desmayó en la balaustrada
y encontró en el paisaje el desconcierto
de una sombra inicial que no buscaba.

DESPUÉS DE TODO
de *Cantoral de un tiempo marchito*

HAS llegado a saber, después de todo,
que porque existe el torbellino
azul de esa mirada
ocupando lo extenso
de esa luz infinita que está arriba,
hoy puede el corazón verter su sangre
al mar de la esperanza.
                Si aquel mucho
de ti que se te fue tras los otoños
volviera alguna vez,
si el diluvio
particular que ejerce la tristeza
se convirtiera en gotas de llovizna,
si el tiempo de repente derribara
su torre de exterminios,
                  qué distinta
sería la vigilia providente
que te llega, implacable, de lo alto.
Tan seguro
estás de que la luz vomitaría
fantásticas cenizas incoloras,
como que vas teniendo, desde siempre,
el corazón precipitado
a aquello que te salva.

                    No hay oficio
más duro que el de amar. ¡Cuánto te cuesta
estar amando todo lo perdido!

Pero te queda corazón; te queda
un torrente de sangre todavía
para regar secanos al recuerdo
y acrecentar el mar de la esperanza.

POR ESTA CARCOMIDA BALAUSTRADA
de *Salterio*

POR esta carcomida balaustrada
que sostiene el desmayo de las flores,
en otro atardecer de azules lívidos
un no sé qué de labios balbucía
que la dicha anunciada era durable.

IGUAL QUE DOS EXTRAÑOS
de *Concierto para brisa y crepúsculo*

IGUAL que dos extraños
se miraron. De pronto, la espesura
del tiempo daba tumbos por sus vidas
y no acertaban a encontrar el punto
y la hora en que se amaron.
No alentaba el silencio lo pasado
ni la memoria de un lugar vivía
al hilo de sus sombras.
Y sintieron el peso de sus sangres
por el páramo gris de sus adentros.
Los pasos declinaron, pero algo,
una duda tal vez, los alejaba
por el mismo sendero de tristeza
que abrió la despedida.
Porque la historia que encerraban, ¿cómo
resucitarla y para qué, si el mundo
agonizaba en sus miradas? Nunca
un mismo instante hermoso doblemente
se vive. La cigüeña,
cuando pasa el verano, no conoce
la torre en que nació, pero si escucha
una campana rememora el nido.
El sol daba las siete de la tarde
por el ámbito mudo del encuentro,
allí donde los árboles

prodigaban verdores como entonces,
y una estatua nimbada por la hiedra
desde su gloria muerta presenciaba
la pena a que arribó la risa aquella.
Los días que se fueron
y aquellos otros que avivó el olvido
en sus frentes la luz acorralaba,
igual que el sol a un pastizal. Se amaron.
Y todo lo demás era una rosa
que el viento deshojó. Sus andaduras
por diferentes llantos se perdieron.

OTOÑO
de *Libro de las estatuas de los héroes*

OTRA vez el prodigio de las uvas
por el atardecer...
                 Cuando me vaya,
¿en qué pecho no usado
alentará la dicha que he vivido?

UNA NIÑA
de *Libro de las baladas*

A Condic

ENTONCES tú soñabas con el viento.
Y eras el viento, pero lo ignorabas.
(¿Qué no ignorabas tú, tan niña entonces?).
Entornabas tus dulces soledades
y todo se te anclaba. Aún no sabías
que estabas en la piel de aquel deseo
en donde tu inocencia eras tú misma.
Soñabas con el viento, con un viento
que te llevara allí donde una lluvia
de amor te golpeara aquella niña
perdida en el secano de tu ausencia.
Por los largos senderos de las tardes
tus ojos se perdían; pronunciabas
palabras que traería a este recuerdo
si pudiera esta noche preguntarle
al cadáver azul de tu muñeca.
Te nombraban las flores tristemente
y tú te estremecías, como un prado
de ortigas con el viento de tus sueños.
Soñabas y soñabas. Pero el viento
se dormía en la red de tus pestañas,
si madrugaba para hacerte leve.
Le brotaba una dalia de topacio
al otoño primero de tu pena,
y un soledoso balbuceo ocultaba

la aurora boreal de tu sonrisa,
la noche de tus ojos, la silente
latencia de tu pecho diminuto.
El vuelo de algún pájaro servía
para cruzar el cielo desde abajo,
y el temblor del ciprés te aseguraba
la existencia de un Sur que no era el tuyo.
Entonces tú soñabas con el viento
porque no sospechabas que ya, entonces
te soplaba en los ojos tu poeta.

AQUÍ EN LA GLORIA
de *Guía de Guadalcanal*

AQUÍ en la gloria, es decir,
en el Paseo del Palacio,
donde el tiempo y el espacio
olvidan su discurrir,
sacar quiero a relucir,
con permiso de la cal,
que no hay belleza rival
de este viejo paraíso,
que, porque Dios pudo y quiso,
lo puso en Guadalcanal.

DANZA DE LA VIDA
de *Galería Nacional (Sala de retratos)*

RENDIJA es ésta que hacia el mundo mira
y al paso de los siglos.
Vengan aquí los ojos que procuren
curiosidad. Pero escabúllanse
los necios de nacencia y los de acopio
de antojos terrenales
que van y vienen de calleja a plaza
y nunca descomponen
su agobio natural, y los que cruzan
la siesta del alfoz por solazarse
y hallan el hueco de la propia sombra
y aquel que las murallas despabilan
y más se empequeñecen.
Vengan, sí, los goliardos,
los caballeros de la niebla, todas
las mozas de buen ver que anden vacando
al tiempo de este oficio, los rufianes
de fonda y caminata y los que apuran
los posos del vinazo y canturrean.
Asistan los bandidos,
los locos, los tullidos, los borrachos,
los licenciados en licantropía
y las tonadilleras de quejumbres
y hasta el señor obispo en su jamuga.
Y los desheredados

que sólo tienen oro y toda otra
esplendidez desprecian,
acudan juntamente con los rencos,
los sordos al claror, los buscavidas,
los vates nocherniegos
y también los divinos (si es que quedan)
y los que van del coro al caño y yerran
metáfora y latido.
Traigan sus pardos lutos
o lindos tafetanes (según cuadre)
las brujas y las damas
asaz televisivas, pero acudan,
si gustan de danzar en paz y en gloria
y a ritmo de farándula.
No se queden mirando a las estrellas
que bajan a la noche
de las terrazas con ginebra y humo,
ni aticen el sigilo
lechuzo de las gárgolas
que el viento desnariga, ni se duerman
bajo la tejavana
que no se sabe bien para qué sea.
Vengan y pongan ojo y ensimismo
en esta remotísima rendija
que ni el gorgojo habita de tan lúcida.
Vengan todos, nocturnos
si es posible, y verán la maravilla
de un mundo satisfecho.

CULMEN
de *Otoño en Benalixa*

LLEGUÉ hasta ti confieso que cansado
de tanta oscuridad, no de buscarte,
pues ni soñando concebí un encuentro
así de deleitoso.
Pero, cansado y todo, sólo ansío
hallar una penumbra
propicia para el tacto y el susurro
con los que recorrer tus resplandores
y dar en el abismo
desde el que se contemplan mil galaxias.

AICILA EN UNA PLAZA DEL MUNDO
de *Aicila*

PERO siempre hay un río llevándose el despojo
más tristemente ajeno, el menos trascendido,
y un mar que estraga el roce final de quien arriba.
Bien pudiera, a estas horas, cruzar madonna Laura
la portada del Vecchio, que nunca más saliera
si unos ojos se cierran. El cielo que se engrisa,
el cipresal alzando su loco verderío,
la piedra que proclama su silente armonía,
Fra Angelico extasiado y una rosa muriendo
bajo un puente, ¿qué han sido si la tarde no vuelve?
Si el Arno detuviera su correr sin retorno,
de sed muriera al punto. Oh Aicila, Aicila, dime
que es más cierta mi vida cuando escribo tu nombre
en esta plaza abierta al asombro del tiempo.
Una herida no sangra si el corazón detiene
su oscuro sobresalto. Por esa llama existo.
Contempla, amor, contempla el resol por los muros,
la sombra decadente de unos cuerpos que esperan,
el mármol respirante, la sangre gibelina
que en nuestras manos quema otros días vividos,
tanta sed inmolada, retablos carmesíes...
Digo «contempla» y puede que estemos dialogando
con Francesco Petrarca sobre el último grito
de un tranvía transido del clamor de tu espátula.
En un lugar del mundo mis ojos prefiguran

un bosque de nostalgias que remotos amantes
rondarán sin remedio una tarde cualquiera,
en tanto que una estatua proclama lo que ahora
silencia este poema. Oigo un violín y pienso
si no estaré poniendo los dedos en la llaga
que sintiera Vivaldi. Si tiemblan las adelfas
y un coro de campanas enciende vuelos altos,
esperad de la brisa su cadencia inefable.
Bajo el neón que ruge por esta escalinata
os digo que ya había vivido este momento
no sé qué tarde rosa de príncipes y clérigos,
pontífices del arte y oscuros mercaderes,
la sangre con Aicila y el corazón ardiendo,
bebiendo de la piedra su llama expeditiva.
De puro sedentaria, el agua de la fuente
conoce de memoria cada beso no dado,
la duda de los arcos, la luz de la cerámica,
la voz de Brunelleschi sollozando en las cúpulas,
la moneda que Aicila arrojara esta tarde
por saber si la amaba... Pero siempre hay un río
llevándose algo nuestro a algún lugar oculto
que no rescata nadie ni el tiempo resucita.

POETA EN UN CAFÉ
de *Rimado de topacio*

ENSIMISMADO y más, anochecido,
bajo la luna turbia de una lámpara,
el poeta, con aire circunspecto,
en una mesa del café anotaba
algo y luego de nuevo se perdía
por el vago oscuror de su mirada.
Entre aquella nutrida concurrencia
que, ajena y divertida, conversaba,
una auxiliar de clínica, atrevida,
se acercó sigilosa por la espalda
y halló que, con la ayuda de las musas,
estaba resolviendo un crucigrama.

COMO UNA LOBA HERIDA
de *El polvo del peregrino*

COMO una loba herida
por la umbría de un bosque atarquinado,
nos persigue
               y acosa
                         y amilana
la melancolía.
Y no hay posible paredón que burle
su oscuro seguimiento,
ni corteza
que impida livideces en la carne.
Vaga herida,
ingrávida y silente
por todos los caminos
de la sangre.
Y cuando alza
su zarpa enfurecida
a la menor cadencia de un suspiro,
ahí se acaba
la amaritud de su apariencia
para hendirnos
su índole letal de loba herida.

DESTINO
de *Territorio del tigre*

Éste que aquí se afana en sofocar el tiempo
con gotas de oro turbio, apostó su existencia
en contemplar el mundo desde asombros no usados.
Le afectan gravemente los soles que se ocultan
y siente que unas alas le llevan a algún sitio
que ignora por costumbre. Se sabe de memoria
que si no vuelan juntos el roce y la codicia
el canto se alivence y se puebla de plumas
el cielo que navega. Y hasta teme encontrarse
clamando en el desierto que queda al otro lado
de esta tarde de lluvia. Cuando el oro se oxide
y la luz desfallezca, acaso lo encontréis
perdiéndose en las brumas de un mar nunca surcado.

AL BARRUNTO DEL CIERZO SE ESTREMECEN
de *Coro de alejados*

AL barrunto del cierzo se estremecen
los álamos votivos. ¿Qué se hicieron
los pasos que alumbraron? Si esa luna
que nieva en el erial clarificara
su loco descarrío, cruzarías,
oh, Clara Ortiz, soliviantando estrellas,
pues sólo la retama ha tiritado
y ya avecina el fuego su caricia
y su clamor la copla pastorela.

LAS NIÑAS DEL HOTEL BLANCO
de *Las niñas del hotel blanco*

A mis hijas, Soledad y Esperanza

Así os llamaba la señora aquella
de acento castellano que asomaba
con el sol decadente y paso lento
buscando en nuestros predios flores raras.
Nunca supimos de su parsimonia.
Pero la atardecida buenandanza
y el bastón que le daba soledumbre
y el lejano oscuror de su mirada
y el aire enrarecido de misterio
con que hería las flores que raptaba
y el eco de su voz y su sigilo,
os llevaban al mundo de las hadas.
¿Cómo llegó hasta allí? ¿De dónde era?
¿Qué brisa la avisó de nuestra estancia?
¿En qué lugar se doctoró en paisajes
que así de indiferente contemplaba
el sol entre los montes decayendo?
¿Dónde la convencieron las retamas
de que su aroma perseveraría?
¿Por qué llamaba "hotel" a nuestra casa?
Tanto nos preguntábamos que, al cabo,
decidimos vivir en la ignorancia.
De una nieta lejana que tenía
os habló alguna vez emocionada
y una foto os mostró para que vierais

por qué acudía allí a recordarla.
Entonces comprendimos que las flores
eran sólo una excusa. Agosto aullaba
su furia en el alfoz y florecían
dos niñas para asombro de una extraña.
Lo amable no se siembra, pero ocurre
cuando menos lo sueña la esperanza.
Ah, qué lejos se llega en bicicleta
si el vuelo se lo imprimen unas alas.
Cuando septiembre amaneció y nos fuimos
de tanta floración y magia tanta,
nos quedó para siempre en la memoria
una mujer buscando una fragancia,
que vuestros nombres no aprendió y por eso
Las Niñas del Hotel Blanco os llamaba.

ENTREGA
de *Teoría de las sombras*

LAS islas se perfilan
mostrándole la pulpa
de sus intimidades
y gestos de leyendas
al mar que las abraza.

Hay seres solitarios
que contemplan de lejos
el mundo y sus halagos,
pero, a poco que sueñen,
acaban en las llamas
terribles del deseo.
Mas ay si no se entregan,
como el mar a las islas.

A LA VIDA ME VUELVES DE REPENTE
de *Crónicas de una andadura*

A la vida me vuelves de repente
y empieza la labor de concretarte,
pues tus ojos merecen libro aparte,
libro aparte la llama de tu frente.

Me llegas tú. No dices. Solamente
aromizas la luz de parte a parte
y tu risa en mis labios se reparte
como un halo de vida transparente.

Te meces en el aire, te recreas
en un mundo que es tuyo y que en ti existe
y das a mi ilusión un nuevo ensueño.

La vida me regalas cuando creas
esta dicha diaria que resiste
la batalla que siempre gané al sueño.

MUCHACHA CON PRISA
de *Territorio del tigre*

QUÉ sensación de nube y lacia tejavana
acude a este retablo de gozos interiores,
mustios ya, pero firmes en lo de emocionarme.
La hora es decisiva: a eso de dos luces
dudosas por la plaza de los naranjos agrios.
Era un tiempo de alondras y dulce descarrío
de aromas y pregones y andaban los jazmines
alumbrando los patios. Pasaba una muchacha
con prisa hacia la sombra. Qué extraño... Hacia la sombra.
No sé. ¿Me comprendéis? Muchacha hacia la sombra...
Extraño, extraño. ¿Acaso sucede que un relámpago
de pronto se amilane porque el sol ronde cerca?
Catad este deslumbro. Hacia aquella muchacha
de la prisa me llevan las tardes que recuerdo.
Uno andaba del sueño a la carencia y vino
a dar en eso amable de una muchacha o sombra
que se aleja en la tarde. Nadie ve el mar. Se advierte
la caricia que deja en la nuca del mundo,
mas no la plenitud de cuanto sobrevuela.
Oras muchachas pasan y azuzan otras prisas
los pálpitos recientes. Yo os hablo de unas trenzas
concretas y una prisa que aún sueño y no me explico.
Sentado en la terraza de un café, todavía
insiste un limpiabotas en lustrarme los pasos.
Y yo que ya palpaba el mármol de mi olvido...

Tal vez tras la muchacha aquella de la prisa
me fuera y ni las aves que acorro y acaricio
cantaran mi regreso; mas llega un limpiabotas
para deshabitarme la memoria que traigo
de unos pasos radiantes. Ya veis qué extrañas cosas
suceden una tarde si pasa una muchacha
o flecha o meteoro a eso de dos luces.
Las sombras sucesivas se acodan en las torres
que dan a este desaire y en ellas extravío
el brillo de unas trenzas. Sin duda estos naranjos,
por agrios, adivinan en qué lugar del tiempo
descansa aquella prisa... Qué extraño. La muchacha
con prisa hacia la sombra, qué turbia parsimonia
prodiga por el mundo y cómo me sorprende
su lluvia florecida bajo esta tejavana.

LA MUERTE
de *Teoría de las sombras*

La muerte es siempre absurda.
Ni avisa ni se explica.
Asoma de improviso
y no se marcha nunca.
Y para más escarnio
y burla, cuando ella
se instala en lo que fuimos
nosotros ya no estamos.

A MANSALVA Y EN SÚBITO
de *Huerto de Betania*

AMIGO:
A mansalva y en súbito
desmayo, las cerezas
aturden las vaguadas
de junio y ardor vario
en terso descarrío.
Y cruza impunemente,
nocturna, la lechuza
soñando con el muérdago
silente del olivo
e ignora el arrecife
en donde multiplica,
terral, su serenata.
¿Y no te asombra, amiga,
el claro plenilunio
que al vuelo despabila?

AMIGA:
Malhaya, amigo, la ardua,
torcaz amarillencia,
frutal de puro póstuma,
que no reparta panes
ni atice lampadarios
ni rece *ora pro nobis*
y clame su quejumbre

en hosca letanía
de asombros y susurros
y extienda su acrimonia
por el sol de las uvas
hasta palidecerlo
cual lino de cenobio.

CORO:
¡Ah, la brisa tañendo
el arpa mutilada
que expanden los rastrojos!
Que no calle esta música
y apiádase del cardo
desvalido, del mustio
floscurlario del bosque
y tantas guirnaldas
de flores a María
que en primavera han sido.

EN EL HIPÓDROMO
de *Marabú*

TODOS los que acudimos al hipódromo
somos gente elegante
y tenemos a gala conocernos.
A mí me aficionó una antigua novia,
que ahora vive en Italia,
casada con un alto financiero
y afiliada a la cuadra de Planeta,
pues le publica sus novelas rosas.
Pero esto es historia y ahora estoy
sentado y oscilante
detrás de una pamela floreada
de seda y organdí, que me deslumbra
e impide que contemple las carreras.
Tengo que incorporarme
cuando pasa mi yegua favorita
y provoco una enérgica protesta.
Me siento. La pamela
otra vez nubilándome la tarde
y sin saber qué ha sido de mi yegua.
Todos nos conocemos, ya lo he dicho.
Entonces ¿de quién es esta pamela?
No me marcho de aquí sin descubrirlo.
Me resigno a escuchar, amurallado,
un raudo bombardeo,
y me pongo a escribir lo que me pasa.

¿Qué menos, con entrada preferente?
Concluyen las carreras. A la sombra
de la pamela está mi antigua novia,
que ha viajado hasta España
a inaugurar un banco y, ya de paso,
fastidiarme la tarde.

FUENTE DE LAS MONJAS
de *Libro de las estatuas de los héroes*

EL agua sonorosa
en el fervor del huerto resucita
al brezo alivencido.
Descalza el puente cruza. Y cuando salta
al mundo, disemina
la piedra su reclamo trasparente.
Tanta sed la esperaba
que nubila la trova que traía.
Bendita fuera y estorbara yerros.
Ruega el verdín por que su caz no cese.

AQUELLO ERA LA PAZ. AQUELLO ERA
de *Cantoral de un tiempo marchito*

AQUELLO era la paz. Aquello era
el luto, el funeral, el tenebrario
de tu niñez asesinada.
En el reclamo gris que te tendía
la guerra del vivir,
el lueñe territorio de los juegos,
al que nunca viajaste, resultaba
destruido por la fuerza de dos frentes.
Con el éter letal de la sequía
marchitaba el otoño
cada hierba inocente que pugnaba
por conquistar la vida,
y, sin embargo, daban en clavarte
la solemne advertencia
de que los Reyes Magos, aquel año,
a causa de la nieve no vendrían.
Que tú eras
un revoltijo oscuro, un relicario
de futuras historias,
un soldado de plomo derretido
y enervantes hazañas derrengadas.
Ojo por ojo, lo perdido
afilaba sus alas
en la piedra de toque de la rama
aguda de ciprés que estabas siendo.

Te acorralaban muros desvaídos
donde la sangre rota alimentaba
una legión de tristes crisantemos.
Y tú veías
cómo controlaban
cada gota de pena
vertida por los otros.
Aquello era -cantaban-
el paso alegre de la paz.
(...Alegre de la paz...)
¿La paz, aquello?
¿Aquello era la paz, Señor, Dios mío?

CÓMO, SI EN TUS DESDENES TE ESCUDABAS
de *Salterio*

¿CÓMO, si en tus desdenes te escudabas,
iban a sorprender tu luz risueña
las legiones que fueron a rendirte?
Ni campo de batalla ni derrota.
Pero nadie mandó sus musarañas
a sólo ver que andabas por las nubes.

ALGO TIENE DE MAR ESE SUSURRO
de *Concierto para brisa y crepúsculo*

ALGO tiene de mar ese susurro
que invade los sentidos a esta hora
en que la soledad rompe sus límites
y pasa la frontera de los siglos.
Que tanta es la emoción.
                                        Una caricia
vale lo que el calor que la propaga.
Y eso es el mar. ¿O acaso no se escucha
lo azul de su lamido? Dominando
la tarde y la distancia, a la manera
del vuelo temporal que me traslada
al presente que muero, así el abrazo
gigante de ese mar que me rodea
extiende su cadencia en los dominios
que ejerce sobre mí.
                                        Cuánto abandono
se observa en la escollera. Por sus sombras
se me creyera piedra combatida,
y, sin embargo, es sólo el embeleso
lo que le da a mi cuerpo esa apariencia
de inerte sobresalto.
                                        Cualquier tarde
me iré por ese mar hacia el olvido.
Pero si algún susurro emocionado

se siente entonces con la atardecida,
ese no será el mar, sino el lamento
de las olas trayendo mi mensaje.

CUANDO YA NADA IMPORTA

HAY cosas que se explican cuando ya nada importa.
Evoco los tranvías y a las rubias platino
del lábil cine negro y ciertos plenilunios
y unos tristes boleros oxidando los años
donde el oro es chatarra y los partes de guerra
y las casas de putas y un olor a alhucema,
que dieron en cenizas. Qué inútil la palabra
que llega cuando el tiempo ya puso, según suele,
su estrago en lo que nombra. Aquí donde ahora lato,
un soldado de Aníbal me hizo prisionero
por gritar ¡Ave César! una noche de farra.
Y preso continúo, pero de otros caprichos,
si no tan placenteros, más turbiamente inútiles.
Los malvas del poniente acercan aventuras
vividas no se sabe en cuáles alamedas
con pájaros cantores. ¿Memoria o espejismo?
Da igual; tal vez un roce de hermosura no escrita.
Por esta densa niebla transito cada tarde.
Y así doy en la noche, esa trama secreta
que otorga paz al mundo y pone en evidencia
la pequeñez del hombre, su ceguera culpable.
Pero no todo es sombra. Una flor se hace mayo
si en ella se sustancian canción y galanura.
En este extraño instante coincido en el Martinho
da Arcada con Pessoa, un sombrero marengo

de fieltro y mucho humo. Encuentros como éste
se dan en cualquier sitio a poco que me marche
de copas y regrese borracho y me detengan
por recitar mi vida. Nadie me espera nunca.
Una vez intentaron liquidarme en Granada
tan sólo porque quise llamar al crimen, crimen,
pero hui para siempre como dicta mi miedo.
Allí donde hubo un árbol, siempre queda una sombra
y hay vuelos que se truncan en pleno descarrío
y una historia de trinos le otorga a la mañana
fascinación durable. Con trinos me despierto.
Con trinos, ya en la calle, me salen al encuentro
árboles prisioneros, sin culpa, del asfalto.
Si ofician el asombro, la prisa no lo advierte.
Solos y rutinarios nos perdemos de vista
y de otros soliviantos igualmente feroces.
Todo este helor se llama miércoles, por ejemplo.
Pero a veces el cielo se engrisa en nuestro daño
y deja una caricia allí donde un parterre
implora verderío. Vivir es sucederse.
Estar es santiguarse con la luz de los días.
Lo demás es un juego en que todo se pierde
o, con mucho entusiasmo, se gana lo apostado.
Sólo así nos sorprende con sus dalias tardías
la estación de los sueños. Es lo que siempre pasa
cuando ya no se explican las cosas que importaron.

BIBLIOGRAFÍA

OBRA LITERARIA

La obra literaria de Andrés Mirón es muy amplia, especialmente en verso:

POESÍA

La selva en esta orilla. Palencia: Colección Rocamador, 1965.

Crónicas de una andadura. Sevilla: Editorial Rodez, 1971.

Las mariposas de Palas Atenea. Sevilla: Colección Ángaro, 1974.

Elegía de Sisip. La Carolina: Colección La Peñuela. 1974.

Trenos para un verano en Navaespaña. Granada: Caja General de Ahorros y Monte de Piedad, 1976.

Cantoral de un tiempo marchito. Sevilla: Diputación Provincial de Sevilla, 1977.

El llanto de los sauces. Algeciras: Ediciones Bahía, 1977.

El polvo del peregrino. Salamanca: Colección Álamo. 1978.

Libro de las baladas. Granada: Caja de Ahorros y Monte de Piedad, 1979.

Concierto para brisa y crepúsculo. Sevilla: Colección Ángaro, 1980.

Aicila. San Sebastián: Caja de Ahorros de Guipúzcoa, 1981.

Libro de las estatuas de los héroes. Madrid: Real Academia Sevillana de Buenas Letras. Rialp, 1984.

Huerto de Betania. Córdoba: Diputación Provincial, 1987.

Galería Nacional (Sala de retratos). Granada: Editorial Antonio Ubago, 1988.
Coro de alejados. Córdoba: Ayuntamiento de Córdoba, 1989.
Rimado de topacio. Ferrol: Colección Esquío de Poesía, 1990.
Salterio. Guadalajara: Ayuntamiento de Guadalajara, 1990.
Antología poética. Granada: Editorial Antonio Ubago, 1990.
Las niñas del hotel blanco. Badajoz: Cuadernos Poéticos Kylix, 1995.
Carta de navegar. Almería: Colección Batarro, 1997.
Andrés Mirón. Málaga: Diputación Provincial de Málaga, 1997.
Marabú. Alicante: Editorial Aguaclara, 1999.
Otoño en Benalixa. Sevilla: Colección Alarife. Fundación Aparejadores, 2005.
Teoría de las sombras. Las Palmas de Gran Canaria: Cabildo Insular de Gran Canaria, 2005.
Territorio del tigre. Dos Hermanas: Ayuntamiento de Dos Hermanas, 2005.

⁂

NARRATIVA
Guía de Guadalcanal. Ayuntamiento de Guadalcanal, 1989.
Bálago. Sevilla: Qüasyeditorial, 1991.
Historia de Guadalcanal. Ayuntamiento de Guadalcanal, 2006.

LITERATURA INFANTIL
Rumbo tarumbo. Málaga: Diputación de Málaga, 2001.

ANTOLOGÍAS

Poesía de tema arqueológico. Rafael García Serrano. Ciudad Real: Horcisa, 1977.

A la orilla del sol. Un panorama y seis poetas postcontemporáneos: estudio y antología. Juan de Dios Ruiz-Copete. Sevilla: Aldebarán, 1978.

La poesía sevillana de los años setenta (aproximación y análisis). Manuel Jurado López. Sevilla: Colección Barro, 1980.

Cuaderno Literario Azor. Barcelona, 1981.

Panorama poético de Sevilla. Juan de Dios Ruiz Copete. Colección Vasija. Sevilla, 1983.

Revista Days of Milk and Honey. Detroit-USA, 1983-84.

Antología General. El rumbo de la Poesía en los últimos veinticinco años. Madrid: Colección Adonais. Rialp, 1989.

Poesía sevillana 1950-1990 (estudio y antología). Pedro Rodríguez Pacheco y Javier Sánchez Menéndez. Editores Muñoz Moya y Montraveta, para la Comisaría de la Exposición Universal de Sevilla, 1992.

Entre el sueño y la realidad: conversaciones con poetas andaluces. Vargas, R. Sevilla: Guadalmena, 1992.

Veinticinco años de poesía. Premios *Pastora Marcela.* Ayuntamiento de Campo de Criptana, 1996.

La línea interior (Antología de poesía andaluza contemporánea). Córdoba: Cajasur, 2001.

Bahía de Plata. Con motivo de la XXV Edición del Premio Bahía. Algeciras, 2001.

Poetas en Sevilla. Ayuntamiento de Sevilla, 2002.

Número Homenaje al poeta Andrés Mirón. El molino de la pólvora, nº 1, 2005.

TRADUCCIONES

Parte de la obra de Andrés Mirón ha sido traducida al inglés, portugués, francés, italiano y alemán.

PREMIOS

Seminario de Estudios. Caja de Ahorros y Monte de Piedad de Granada, 1976 y 1977.

Bahía. Algeciras, 1977.

Archivo Hispalense. Diputación de Sevilla, 1977.

José María Lacalle. Barcelona, 1977.

Ignacio de Luzán. Ayuntamiento de Zaragoza, 1979.

Jorge Guillén. Gobierno Civil de Burgos, 1979.

Ciudad de Irún. Caja de Ahorros de Guipúzcoa, 1980.

Luis Rosales. Diputación Provincial de Granada, 1981.

Florentino Pérez-Embid. Real Academia Sevillana de Buenas Letras, 1983.

Rafael Alberti. Caja de Ahorros de Cádiz, 1986.

Searus. Ayuntamiento de Los Palacios y Villafranca, 1986.

Luis de Góngora. Diputación Provincial de Córdoba, 1987.

Ciudad de Guadalajara. Ayuntamiento, 1988.

Ricardo Molina. Ayuntamiento de Córdoba, 1988.

Esquío. Caixa de Galicia y Sociedad de Cultura Valle-Inclán de Ferrol, 1989.

Luis Carrillo y Sotomayor. Ayuntamiento de Baena, 1993.

José de Espronceda. Almendralejo, 1996.

Fernando Villalón. Ayuntamiento de Sevilla, 1998.

Villa de Aoiz. Aoiz, 2004.

Orippo. Ayuntamiento de Dos Hermanas, 2004.

Tomás Morales. Cabildo Insular de Gran Canaria, 2004.

RECONOCIMIENTOS

Fue miembro honorífico del Departamento de Literatura de la Universidad Lincoln de Nebraska (EE. UU.).

Pertenece al Colegio de Escritores de España, nº 945.

Figura en la *Gran Enciclopedia de Andalucía*. Promociones Andaluzas, S.A. Sevilla, 1979.

El Ajimez de la revista *El Carro de la Nieve* le rindió homenaje.

Fue nombrado Poeta de Honor de la revista *Papel Literario*, de Málaga.

Ha sido objeto de estudios e investigaciones: monografías en la Universidad de Lecce (Italia), en la Biblioteca Municipal de Figueira da Foz (Portugal), en la Universidad de Zurich (Suiza), etc.

Colaboró en la construcción de la *House of Poets of the World*, en Albion, Michigan (EE. UU.). 1983-84.

Tomás Pedroso escribió su tesis doctoral *La poesía de Andrés Mirón. (Análisis de una trayectoria poética 1965-1990)*. Tesis coordinada por el catedrático Fernando Rodríguez Izquierdo. Sevilla: Gallo de Vidrio, 1994.

El Ayuntamiento de Sevilla le rindió un homenaje por su trayectoria poética, en la Casa de las Sirenas. 2002.

La Villa de Guadalcanal le dedicó la misma calle donde nació. 2005.

Fue nombrado Hijo Predilecto de la Villa de Guadalcanal. 2006.

El Ayuntamiento de Guadalcanal colocó unos treinta azulejos con décimas del poemario inédito *Calicanto* (1992), dedicado a los rincones emblemáticos del pueblo. 2006.
Fue creado el Certamen de Poesía *Andrés Mirón*. Ya en la I Edición participaron más de doscientos trabajos procedentes de varios continentes. 2013.

ÍNDICE

Cuando ya nada importa
de Andrés Mirón,
compuesto con tipos Montserrat
en créditos y portadillas, y DGP
en el resto de las tripas,
bajo el cuidado de Daniel Vera,
se terminó de imprimir
el 3 de septiembre de 2024,
ese mismo día de 1953,
entra en vigor la Convención Europea
de los Derechos Humanos.

LAUS DEO